\ 鳥籠派出所裡超有事 /

Popo鴿的鳥日子

Popo 鴿 著

作者序

　　「鳥籠派出所」當初只是自己在IG上的圖文日記，記錄從警的日常外，更多的是宣洩一下上班的怨氣，沒想到隨著越來越多讀者跟警職夥伴的追蹤及分享，這些故事會有付梓的一天。

　　會將作品這樣命名，一來是在玩大家耳熟能詳的老動畫「烏龍派出所」的梗，二來是台灣警察常常被戲稱為鴿子，派出所就像是個裝滿形形色色鴿子的大鳥籠，所以名字也就這麼隨性的定下來了。

　　警察是個相對封閉的體系，一般大眾除了報案或需要協助，很少有機會去了解這個職業。派出所員警又是這個體系中工作最繁雜的一群，同時也是處理事件的第一線人員，除了常常看到各種光怪陸離的現場外，還需要面對社會底層黑暗的一面，在這個過程中，有人成長，有人適應，也有人選擇結束自己的警職生涯或生命。

　　當初從警的動機之一，是覺得自己有社會觀察家的靈魂，而警察是個以一般人的非日常為日常的職業，一定能觀察到很多特殊的事件吧。

　　像是，被咆哮的酒空揮舞著刀步步進逼，或是大半夜追逐在屋頂上狂奔的百公斤竊賊，或是看到吸毒者正在暗

巷用針筒打藥到一半時，發現有警察想跑卻腿軟，連滾帶爬邊大小便失禁的畫面，還有跳樓的遺體破開的頭顱旁滾出的大腦……

越回想越覺得當初的自己真是太天真了。

鳥籠派出所的故事影射著全台灣的派出所，訴說著繁華市區分局到偏鄉值宿所的故事。

如果你是警職，也許你可以從鳥籠所的夥伴看到身邊某位同事甚至是自己的影子。

如果你是對警察的工作或主題有興趣的讀者，希望能讓你在閱讀這些故事時就像成為鳥籠所的一員般，一起體驗那些案件現場。

警察這個工作會讓人老得很快，不管是生理上日夜輪班的摧殘，還是心理上處理案件帶來的創傷。

但也因此，有好多的故事可以說。

感謝願意花時間閱讀這本書的大家，也很榮幸能用畫筆成為台灣警察故事的說書人之一。

-☆☆☆-

目次

約翰

約翰是戰鬥型的警察。個性有點大男人，但對女性十分溫柔也很照顧後輩。是老大的搭檔，兩人是鳥籠所的戰力核心，外表帥氣，常常在執勤途中被要LINE。

鴿子

本作主角，常常對警察體制的不合理感到迷惑。但為了家人與空蕩蕩的錢包，即使處理案件時偶爾露出厭世的表情，還是義無反顧的輪班著。

龍哥是個碎念的冷面笑匠，有他接到小案件都會高機率開花變成重大刑案的特殊體質，因而被同事戲稱為鳳梨王。

曾經有過一段極其傷心的感情，導致對異性有些過度小心。

龍哥

小YO

小YO是個剛結束實務訓練的小乳鴿。因為討人喜歡的弟弟屬性而頗有人緣，雖然常常有些脫線，但偶爾會在某些瞬間展現出可靠一面。

啾啾

啾啾是鳥籠所少數女警之一。個性開朗調皮帶點任性，熱愛甜食還超級貪吃。喜歡綁愛心丸子頭髮型。兇起來很可怕……

老大

老大是在超繁忙的鳥籠所待超過5年的老手，與約翰是搭檔，同時也是鴿子的師父。個性有點神經質，但是一個對身邊的人默默關心的好人。興趣是發掘各種美食。

PART 1

【鴿鴿們的實習季節】

實習季節

警校生每年被丟出來派出所跟著現職員警學習實務經驗的日子（通常是寒暑假）

我的徒弟是哪一個

出去實習要注意安全，不要學長叫你衝你就衝……

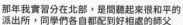

出發前，學校的隊職官總是會耳提面命的說

那年我實習分在北部，是間聽起來很和平的派出所，同學們各自都配到好相處的師父

很不巧，我遇上了那一所的專案學長，抓毒品高手慶記哥

學、學長好

他的搭檔是所內的巡佐，兩人每天的勤務就是騎機車巡邏找毒品績效，一天抓好幾件也是常有的事

仔～細的觀察

巡佐的徒弟，警大生小直，是我實習生涯中的難兄難弟，每天我們跟著慶記哥二人組抓毒犯

後座的我整個不知所措

學長……這樣真的好嗎

慶記哥值勤充滿侵略性，他會騎到民眾車子旁

慶記哥的眼力超猛

後座的我好幾次都差點飛出去

有時只是擦身而過

有次在公園當場抓到毒販交易，因為下完雨，泥巴滿地，慶記哥的機車不好騎

慶記哥就突然來個大迴轉開始鳴笛狂追

還不快衝！
下車追！

啪

不要學長叫你衝你就衝……

這時，實習前隊職官說的話突然間出現在腦海，要是他身上有武器怎麼辦？於是我有個想法

結果因為毒犯體力太差，跑不到200公尺就累倒，我警職生涯的第一次逮捕就這樣莫名其妙發生了

賀啊！
哇遭美丁
當啊！

我只要遠遠的跟著別讓他跑掉，等慶記哥跟巡佐他們來支援就好

實習結束在即，慶記哥二人組請我和小直喝酒慶祝，這讓我明白老警察常說的「酒量就是你的工作量」意味著什麼

小直被灌到喝掛，偷偷跑到廁所吐兩次才勉強保持清醒的我只好一路扛著他走回所裡

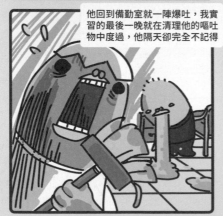

他回到備勤室就一陣爆吐，我實習的最後一晚就在清理他的嘔吐物中度過，他隔天卻完全不記得

時間回到現在，雖然我的實習季節已經是多年前

我們去分局載實習生喔，今年你也是帶一個

新的實習季節依然會到來，學長們也一樣偷偷打賭今年的實習生會不會在勤教喊立正時踱步

註：在校時隊職官會在宣達事項等等集合的時候喊：立正～～！學生們這時會一起踱步表示肅靜，但正式在單位時則沒人這麼做。

學長，今年的實習生來了

我的徒弟，是哪位

雖然做不到慶記哥那樣上班即戰鬥，但也希望每年實習生來到時可以能讓他們有個值得回憶的實習季節

～後記～

喔喔喔！

學長手速好快，在做什麼呢

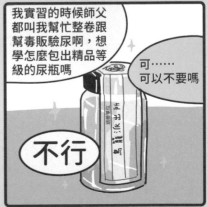

我實習的時候師父都叫我幫忙整卷跟幫毒販驗尿啊，想學怎麼包出精品等級的尿瓶嗎

可……可以不要嗎

不行

～完～

15

鳥籠所的實習季節：實習生們

學長好

每年規模較大的派出所實習生都不少，鳥籠所的實習生破10人也是常有的事，每次接實習生回來都像進香團

實習生分成兩種，一是警專正期，因為是高中畢業直接進警校，所以仍保有學生青春的氣息

第二種是特考班，通過警察特考進警校，多為大學畢業或出過社會，會比較大人味些

今年約翰的實習生是阿軒，是個手遊迷，傳X對決超強，還是個3C達人，有很多酷東西

約翰對實習生還蠻嚴格的，雖然平時相處都很輕鬆，但有案件時，阿軒還在玩手遊沒有第一時間停下來就會被唸

沒⋯⋯沒有啦學長，這是我的行動電源

有一次，我們領完裝備正準備出門巡邏

可⋯⋯可惡，怎麼會有這種酷東西

超級想要

你怎麼會配槍誰讓你領的

註：警察在未合格實授前是不能帶槍的。

17

鳥籠所的實習季節：阿諾

老大的實習生是警專生的阿諾，不到20歲就有張歷經滄桑的臉，實習期間還特地在當地找健身房的健身魔人

喔喔……早啊

嚇醒

好想睡

阿諾是有個有禮貌的學弟

要帶阿諾出門巡邏還有一個問題

……

所裡的防彈衣根本找不到他的尺寸

學長我沒問題的

就這樣吧

學長早！

屁啦

鳥籠所的實習季節：小馬

龍哥的實習生是特考班的小馬，已經30歲的他原本是業務，是個身高180，睫毛超級長的美男子

小馬年齡成熟，業務能力和口才出色，甚至能獨立處理民眾問題。龍哥只需提點，他即刻吸收，但有一個問題

他來實習後，所裡的女性報案人明顯暴增了

我想指名他替我做筆錄

他還在實習喔，而且我們沒有在指定的

還有像是這種情形

可以跟你加個LINE嗎

或這種情形

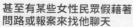
甚至有某些女性民眾假藉著問路或報案來找他聊天

？？？

很高興為您服務

怎麼有種男公關店的錯覺

……

……學弟

是……是的！學長

你願意當我的實習指導員嗎

!?!?

龍哥!?

鳥籠所的實習季節：實習現場

好擠

實習生基本上都是跟著俗稱師父的實習指導員一起上班，所以跟實習生一起巡邏常常就是整車坐滿

逮齡啊！！
我就巷口買個菸，有必要這樣嗎？

法律不外乎人情，我也住在這幾十年了，之前所長我也都認識，不需要這樣子吧

你們還好嗎……

學長我們沒問題的

好熱

要確定欸……

你看那個也沒戴啊，你怎麼不攔他

一堆吸毒的詐騙的不抓整天欺負我們這些善良老百姓……

紅燈右轉又沒戴安全帽喔，證件麻煩出示一下

台灣交通違規嚴重，開罰單是值勤日常，因此教實習生學開罰單是必須的

請不要主張不法之平等好嗎證件出示一下

鳥籠所的實習季節：小淳

吼！你們現在笑年啊就是這樣！工謀情！！
叫你們那個老的來跟我講

女實習生通常都是給女警帶，今年啾啾的實習生小淳是個上班時平平無奇的女孩

噗

？

但她下班時的打扮完全不同，每次在備勤室換衣出來，同事常以為是民眾偷跑進來

？？

然後常穿得很有氣質去地下街買動漫周邊，本以為是一般的隱性宅

學長我真的長得很老嗎

忍笑忍得很辛苦

～實習現場 完～

學姐

22

想不到她還是超重度的腐女

妳不覺得約翰學長跟龍哥學長很像CP嗎？

什麼是CP

調查筆錄第一次，案由公然侮辱⋯⋯X小姐，妳提供的截圖中，哪個是妳本人的網路名稱呢？

幻肢森77

??

呃⋯⋯請問可以請女警協助嗎？

好的

有天有個女生到派出所報案

我的同人小說《進擊的巨人》引起爭議，該網友不認同我將艾連設定為總攻，於是留言攻擊我的作品，但考量到原作後期艾連的性格，他顯然有alpha特質

我懂

我不懂

我有在網路社團連載同人BL小說，但昨天有人在留言區罵我髒話，我想要提告

什麼是同人BL小說？

學姐，同人BL小說就是粉絲把喜歡作品的男主角們湊成一對，自己幫他們創作的故事

為什麼啾啾做個筆錄表情那麼崩潰

剛剛經過聽到alpha什麼的，是論文嗎？實習生好像跟報案人聊開了

註：學妹視角。

23

鳥籠所的實習季節：禁忌

實習時要寫實習日誌給師父批改，有些實習生的實習日誌簡單無比

今天午餐便當很好吃，巡邏太累不小心打瞌睡了……
這什麼鬼，重寫

你好歹留點空間給我寫評語啊

有些超級認真寫得跟論文一樣

靠，今天也太忙了吧，明明就不是龍哥值班啊

學長你們回來了喔，我師父剛好叫我問你們要不要訂便當

學長你表情怎麼那麼凝重

我徒弟在實習日誌寫他想學習刑案怎麼處理，希望多發生幾件，我在思考是該鼓勵他還是要掐死他

派出所是個邪門的地方，有些事不能做，有些話不能說，但實習生常常因為不知道而做出這些行為

學弟，你那包乖乖
該不會是……

師父說桌上的東西都可
以吃啊，剛好有點餓，
學長要吃嗎？

別阻止我，
讓我掐死他

一件自殺
要報驗

果然還是掐死他吧

學長我不是故意的啦

好難得喔，今天整
天都沒事耶

鳥籠所的實習季節：尾聲

實習到了尾聲，我們約了學弟妹們一起去唱歌吃東西慶祝

大膽不敵にハイカラ革命
環狀線を走り抜けて

註：出自歌曲《千本桜》，作詞人：黒うさP。

小淳挑的都是沒聽過的宅歌，我還不知道KTV有這些能唱

阿諾你怎麼都不唱

沒關係學長，我不會唱歌，幫你們打拍子就好

不會喝還喝成這樣，這小子怎麼還是一樣讓人擔心，拜託你了喔

結束時阿軒喝了個爛醉，小馬叫了計程車陪他一起搭回去

註：出自歌曲《情書》，作詞人：姚若龍。

喔可惜愛不是幾滴眼淚幾封情書
喔喔～♪

約翰跟老大是徹底的老歌派，難怪是好夥伴

學長，阿軒雖然一直被你唸，但他其實很尊敬你……

有次你因為忙案件吃午餐晚了2分鐘出門，雖然解釋，仍被巡官記申誡

巡官，我想跟你玩一對一可以嗎？

實習生喔，來啊

那天去分局聯合勤教，休息時阿軒看到那個巡官在玩傳X對決

巡官不好意思啦，不要記我申誡

結果10分鐘內，巡官被阿軒幹掉20多次，玩到臉色蒼白

阿軒，你剛剛那樣會不會太不留情啊

我就不爽啊，這巡官搞不好連酒駕都不會抓，憑什麼弄我師父

唉，臭小子

鳥籠所的實習季節：結束

實習生們回去了，沒有阿諾的超有精神早安，突然顯得好安靜

你們看，我徒弟幫我寫了戀愛攻略本喔

多做幾年就習慣了，吃吧，阿諾送我的手工餅乾，說是感謝實習期的照顧，都叫他別花錢了

龍哥不行喔，這些手法是帥哥才能用，一般人用會被告性騷擾吧……

～完～

鳥籠所的實習季節 番外篇（一）

我是阿軒，警專XX期，現在正在實習，這次是在戰區派出所的鳥籠所

派出所的師父約翰很帥又強，但有時太嚴格了又好兇，讓我壓力山大。幸好除了派出所外，還會到交通分隊實習一星期

交通分隊的工作相對單純，主要就是處理交通事故，氣氛也比派出所輕鬆不少，駐地也不像派出所一樣，時不時就有辣椒水的味道

我在交通隊的師父是啾啾學姐的男友阿傑，阿傑學長人超級好，每天都會買飲料跟下午茶請我吃，難怪能追到感覺脾氣不好又貪吃的啾啾學姐

原本我是這樣想的……直到我第一次跟阿傑學長出勤處理車禍

學弟坐穩了，要出發了喔

30

前面那台在開殺小啊，駕照雞腿換的是不是！

Ｘ，這台不打方向燈就切車道啊，臭三寶！

阿傑學長只要出勤開車就會變成另一個人，我突然，有點想念派出所了……

現場都記錄好了，可以移車了喔，注意安全

學……長，這樣會不會開太快

～完～

鳥籠所的實習季節 番外篇（二）

一大早的吵什麼吵，
我的早餐都被嚇掉了啦！

對……對不起

學長早
（氣音）

學弟早
（氣音）

隔天只能很有精神的，用
氣音說早安了

～完～

PART 2

【鳥籠所裡的傳奇人物】

大哥是對的

妳交男朋友！？
什麼時候？
怎麼認識？
他是做什麼的？
怎麼都沒跟我說

不用啦，我先住男友安排的員工休息室就好，

怕你反應過度才不敢跟你說，碎碎唸跟老頭子一樣，下次再來看你啦，掰掰

喂

他是我打工地方的店長，最近要在你轄區開新的分店，我暑假剛好來幫忙

而且我們交往半年了，他對我很好，你別擔心

既然有男友就沒辦法

現在年輕人有自己的想法，哪管得動

老大，你好像爸爸喔

龍哥，你這說法很老氣耶

交往半年了，妳現在才跟我說

而且妳要來這邊打工，那妳要住哪……

碎碎唸

碎碎唸

做事情都不會先想清楚

我等等帶妳去比較單純的區域租房子……

你們不懂啦，我爸媽走得早，那時我妹還小，幸好舅舅收留我們

但他們工作忙，也有小孩，很難兼顧我們，所以我妹算是我帶大的，連她小學時班親會都是我去

別看她這樣，從小鬼點子很多又愛搞事，我常被她老師叫去學校……

我還要去巡邏，之後再說吧

想當然爾，老大常常巡邏時「路過」妹妹工作的飲料店

哥，我在店裡，我男友喝醉了……我覺得他怪怪的……
XXX你要幹嘛！放開啦！！

喂？發生什麼事啊？妹？喂，喂！！

哥！你整天開警車在我店外繞，客人都被你嚇跑，賣不完的你要負責喝！！

你店門口就紅線啊……

當時，老大的妹妹常帶飲料來看我們，言談中聊到她和男友最近常因小事吵架

不行，我要趕過去……

老大!?

事情發生在那天晚上

我妹打給我幹嘛

我們趕到時，老大的妹妹跟男友在店門口爭執

40

你他X在對我妹做什麼！敢傷害她的話我不會放過你……

她根本就……不愛我

老大你冷靜點啊……

嗚

妳承認吧，妳根本在利用我，我為妳付出那麼多，妳連碰都不讓我碰一下

……

咿咿咿咿……

你、你哭什麼啊

先回派出所再說吧……

妳還好嗎

到底是怎麼回事

回到派出所後

我不想再造成你的負擔了……他對我很好，幫我付了學費、生活費……雖然我堅持用打工的錢還他，但他還是為我做了很多

我以為這就是喜歡，但他付出似乎是有目的，好像沒有給他想要的就是虧欠他……

沒事啦……他沒有對我怎樣我只是嚇到了

可是我真的沒有辦法跟他有親密的行為

也許我真的沒有喜歡他……

爸媽走後，雖然舅舅收留了我們，但他們也不富有，尤其還有爸媽留下的債務……

你國中就去工廠當學徒，賺錢貼補家用

妳不喜歡他，幹嘛跟他在一起？妳才大一，他年紀大妳不少吧？

……

別人放學是開心出去玩，你卻是半工半讀，制服總是髒髒的，還是努力把成績保持好

高中時，看到你熬夜好幾天做生日卡片要送女友，就知道你一定很喜歡她

你送她小卡片那晚，我偷偷到巷口，想看她的反應

你那麼努力，為什麼她要說那種話……

明明可以考上前段學校的法律系，當上夢想的檢察官，卻為了公費去念警校……為了我，拖累你了……

只有小卡片喔……我以為會有禮物

我姐姐生日她男友送她手機耶，我以為你打工是為了給我驚喜……

難怪處理案件無敵的老大遇到喜歡的女生都會變得沒自信，原來是因為這樣嗎？

我永遠記得當時你的表情

也知道那次之後，你後來遇到喜歡的女生都會自卑

傻瓜，在說什麼，那都多久以前的事了

後來想通了，價值觀不一樣本來就很難在一起啊

我記得爸媽離開時，雖然不全是開心的回憶，但若失去舊家，似乎失去了歸屬

哥，當初為何不拋棄繼承呢？這樣你就不用那麼辛苦背債……爸媽留下的也只有南部的舊公寓啊

……

那你至少讓我自己出學費吧，我可以學貸啊，為什麼都要自己一個人承受啊

妳還小沒有太多記憶，那公寓對我意義非凡，牽著妳走路，第一次叫我哥哥，都在那裡發生，爸媽也還在世……

我希望妳能沒有負擔的完成學業,錢的事,哥會處理⋯⋯

我不要

你又這樣,讓我覺得自己是你的包袱,你知道嗎

老大你就聽你妹一次吧,總是要讓她試著獨立啊

你個性真的很悶耶,這樣你妹壓力好大喔

你們為什麼若無其事在旁邊聽啊

後來,在眾人勸說下,老大才同意讓妹妹自負學費及生活支出,但堅持由他墊還男友為她付的費用

謝謝你的照顧,我以為的喜歡可能只是依賴,耽誤你的時間,對不起⋯⋯

算了啦,以後希望妳能想清楚,最後我可以抱抱妳嗎⋯⋯

不行

龍哥!新裝備超酷,超巨大魔鬼氈能把人包起來!

真的嗎,包我包我

若託付給夥伴會更好一點嗎?

事後,老大的妹妹回到念書的城市,放假時偶爾會來鳥籠所探班

海苔飯捲

噗

還是算了⋯⋯

～完～

吸案之王

結果車上有屍體

龍哥有著奇怪的體質，他的案件特別容易「開花」小案變大案

來問路的一出派出所就遇到仇家直接開打

像是有人報案有小屁孩在撬路邊車子想偷東西

阿伯報案說菜被偷，建議他裝個圍欄，半小時後打來說挖土時挖到人骨

而且龍哥還是俗稱的值班顧慮人口，只要他值班，15分鐘內派出所裡只會剩他一個人，號稱內建鳳梨的男人

在鳥籠所最可怕的一句話莫過於

龍哥值班

～完～

約翰的刑案日記：罐頭

約翰是戰鬥型警察，先前是在各地的派出所專辦刑案，我們聊天時特別喜歡聽他談以前辦過的案件

曾經有一次，接獲一起報案，說很久沒有父母的消息，希望警方能陪同去看看

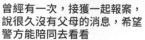

到場後房裡空無一人，只有桌上的紙條寫著：

調了監視器，果然發現報案人父親兩天前拖著一個行李箱離開，再也沒回來

一路追蹤車牌之後，在一處山區找到報案人已經上吊身亡的父親

還在聊天喔，要不要吃消夜，泡麵配午餐肉很讚喔

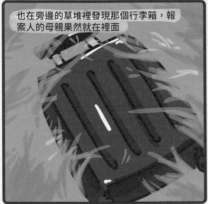

也在旁邊的草堆裡發現那個行李箱，報案人的母親果然就在裡面

先不要好了……

從行李箱裡取出的被害人遺體，被壓成方塊，就像從罐頭倒出來的肉一樣，有稜有角

～完～

49

啾啾現身

學長，大消息

但她的帳號有設定不公開，所以我還沒追……

追蹤對方（按）

之前支援別單位的學姐要歸建回來了

女警在警界是極少數，即使近年來比例逐漸升高，但也就佔警察總數的10%上下，有些規模較小的派出所甚至沒有女警，對於某些單身又不擅長拓展交友圈的同事來說，完全是珍稀資源

呵，這我早就知道了，連她的IG我都已經先調查好了呢！
雖然同名的有幾十人，但我……（以下省略百字）之後終於過濾出來是她

是在查通緝犯嗎

喔喔喔她竟然馬上同意了

哇靠……

學長好，我是今天回來報到的……

學妹／姐，萬歲……

你們……是在看我的IG嗎

學……學妹，想不想一起去看燈會

學長，你最近怎麼好像不太積極了

要贏約翰太難，他可是曾被職業啦啦隊員倒追過耶

之後，龍哥跟約翰雙雙開始展開攻勢

這是網路上很有名的店，我也很喜歡，一起吃吧

龍哥別放棄，孩子需要媽媽啊！

好……好啦，你怎麼比我還激動

但約翰的把咩經驗跟龍哥完全不在一個等級，學妹很明顯跟約翰開始越走越近

於是，小YO本著偵查（八卦）精神，決定直接詢問本人

調查筆錄第一次……學姐，妳覺得兩位學長怎麼樣？

龍哥很好，但離婚有小孩了，目前我還是比較想要單純的兩人感情

他雖然很帥，但太大男人了啦，連吃什麼都要他決定

那約翰哥呢？

學長好，請問啾啾在嗎？

這一天，有個不速之客來訪

54

跟大家介紹，這是我男朋友，交通分隊的阿傑

認識阿傑是在個大雨天，因為我沒處理過車禍，一個人真的很慌，現場圖也因為雨水都糊成一團

他那天經過現場很快地幫我處理好，還撐傘教我怎麼畫圖，真的很體貼

阿龍，下班想不想吃燒肉

走啊，之後陪我跟兒子去燈會吧

好啊

喝一杯？

必須的吧

於是，在失戀的寒風中，兩位學長的友情又更堅固了

～完～

備勤室的酷同事 1

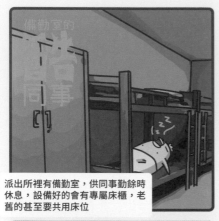

派出所裡有備勤室，供同事勤餘時休息，設備好的會有專屬床櫃，老舊的甚至要共用床位

鳥籠所備勤室在2樓，我剛畢業時，還沒適應輪班與長班的生態，所以常在備勤室睡著，醒來時也接近上班時間了

有些同事家住得比較遠，不想在外租房，也會直接住在派出所省點錢

有些待久了的同事，就成了固定居民，以所為家，常常看到他們在所裡出入

我當時曾經試著要在派出所住看看，但剛住幾天就發現根本無法放鬆，甚至睡到一半會幻聽到110在響而驚醒

而且同事深夜下班時也會回備勤室換衣服，就算大家都很小心保持安靜，也難免會有些聲響，被吵醒是常有的事

但讓我決定不再住派出所裡，是因為特定的酷居民！
1號居民俊哥是住派出所的同事之一，他體型大，常穿件緊身的花三角褲跑來跑去

有時甚至會裸奔……

俊哥你這樣不好啦，這層樓也有女警在出入耶！！

沒事啦，所裡又沒住女生

有次我夢到我在開賽車

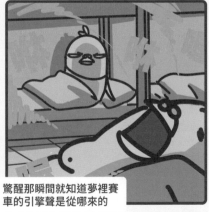

驚醒那瞬間就知道夢裡賽車的引擎聲是從哪來的

～完～

但最恐怖的是，俊哥的鼾聲堪比雷聲

火鳥有點累：警消共鬥篇

那天接到通報有精神病患要強制就醫，119也到了，看到熟面孔阿麥，我立刻上前打招呼

季節變化的時候又到了
對氣候敏感的精神病患們
再次紛紛甦醒

阿麥名字並沒有麥，之所以叫阿麥是因為他穿著衣服瘦瘦的

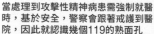

當處理到攻擊性精神病患需強制就醫時，基於安全，警察會跟著戒護到醫院，因此就認識幾個119的熟面孔

脫掉卻是肌肉巨巨，於是被稱為鳥籠區鳳凰分隊歐蕾麥特，簡稱阿麥

這次什麼情況

20幾歲的女性，家屬說她現在把自己反鎖在房內，有攻擊性

正在思考年輕女性需不需要請女警來支援的時候，家屬來了

拜託你們趕快把她帶走，早上在發作的時候還朝我們丟書櫃

……你剛剛說丟什麼？

老舊的住宅走廊十分狹窄，我跟阿麥來到位於2樓的房間前

房門依舊緊緊鎖上，家屬拿鑰匙把門打開

門打開，狹小的房間裡床上有一個巨大的身軀正在沉睡，鼾聲如雷目測有170公分，超過100公斤

先生，我看她現在還算穩定，不如我們先溝通看看，如果她願意配合，就先不使用強制力

XXX妳給我起來，叫妳去工作也不去

一整天在家當米蟲，現在馬上給我去醫院

還不起來

啪！

吼吼吼

註：墮拉攻指健身環大冒險的魔王。

患者氣勢洶洶的走出房門，我與阿麥嚴陣以待

想不到下一秒，患者直接倒在地上裝死，叫她也不回應，一副你們能拿我怎樣的態度

因為房屋老舊樓梯非常狹窄又陡，不好用擔架，於是阿麥決定用人力抬她下樓

來！一、二、三……

和阿麥一起來的同事體型比較小，所以他請我幫忙

想不到一抬起來，病患突然瘋狂擺動全身想掙脫

小姐冷靜點啊！這樣很危險……

竟然沒事

好不容易終於把患者抬上救護車送醫，我跟阿麥已經快累死了

學長謝啦，下次見囉

我還不想那麼快再見到你（好累……）

~完~

備勤室的酷同事 2

2號居民老江
老江學長是典型俗稱的老警察，抽煙喝酒嚼檳榔的習慣一樣不缺，備勤室的桌上常常放著他買來的檳榔

可能之前有執勤飲酒紀錄，老江上班前都要同事幫他酒測，但他仍貪杯，常聽他下班或休假又去哪喝

老江最令人髮指的習慣，是他常在凌晨大家下班剛入睡時衝進備勤室，直接打開所有燈然後乒乒乓乓的不知道在幹嘛

剛開始住派出所的那段日子，因為感受到輪班對身體的影響，我在寢室放了一塊瑜珈墊方便做些簡單的運動

有天下班想運動一下時

這是什麼鬼啊啊！！！

喔，我昨天吃檳榔時嗆到，不小心噴在上面啦

那你就這樣放著喔，都沒要洗一下或說一聲嗎

賀啦，我等等會處理啦

搞什麼！！根本就是隨便用水沖一沖而已，還整塊溼答答的就丟在地上！

隔天

喔？老江學長真的有幫我洗喔，那就不跟他計較了吧

就算自己重洗好多次，做平板支撐時，還是會聞到瑜珈墊有股檳榔味，結果只能把那塊瑜珈墊丟掉了

～完～

啪嗒

悲傷鳳梨王

派出所因為是採輪班制，通常固定一起上班的同事，彼此也會比較熟

常跟你一起巡邏、處理案件的人俗稱「港挑」像是搭檔的概念。
老大跟約翰原本是港挑，但因為鳥籠所流動率實在太高，於是他們就被分開來帶新進的同事

老大曾是我的港挑，但最近班表微調後，我的港挑換成了傳說中連血液都是鳳梨汁的發爐王

龍哥超級愛碎唸，半夜跟他巡邏常常聽他唸著唸著就想睡

龍哥原本在一個外縣市超涼的派出所，卻用很高的積分自願調回家附近超繁忙的鳥籠所，問他原因，愛聊的他總會突然沉默

註：港挑是台語，一起上班的意思，在勤務表上常排在一條一起上班的意思，像是搭檔的概念。

那天清晨4點多，我們接到報案有人
持刀鬧事。到場時，只見一個男子，
兩手各拿著剪刀跟水果刀在大聲嚷嚷

你們是假警察
騙不了我的

我跟龍哥交換了眼神，
正打算一前一後壓制他

阿嬤……
有警察

不妙的是，這時天色漸亮，開始有民眾
出門，經過圍觀的人也漸漸多了起來

吼喔喔喔假警察，
不要過來喔

他們，
是假的警察呀呀

龍哥沒事吧
有沒有怎樣阿

這是假的
救護車

確認鬧事男子是精神病患後，我們將他強制送醫，幸好水果刀比較鈍，龍哥只有皮肉傷，但也隨車去醫院

沒事啦……

那小朋友跟我兒子差不多大吧

他受傷我會良心不安的

學弟，有點事

晚點回來跟你說

兒子？

原來你已經結婚了喔

這時救護車也來了，不意外的是阿麥

終於，龍哥從醫院回來了

還記得……

你問過我為什麼調回來對吧

要從幾年前的某一天說起，
那天我站交通崗，
有個女生來找我問路，其實我不
太敢主動跟女生說話

你很可愛耶

可以加個line嗎

她很活潑主動，我們很快就熟了起來，
交往，甚至走入婚姻，有了小孩

你下班睡，醒來又上班，小孩都
我在顧，這個家沒你好像也行

……

但我們的工作常常不能陪伴家
人，漸漸她也開始有怨言

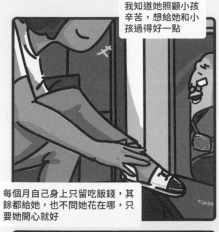

我知道她照顧小孩辛苦,想給她和小孩過得好一點

每個月自己身上只留吃飯錢,其餘都給她,也不問她花在哪,只要她開心就好

直到有一天,我看到她手機傳來一封訊息

寶貝,昨晚

我沒跟她吵,只希望她別再跟對方聯絡,可能我心裡對於不能陪伴她而有虧欠感

......

想不到,有天下班順便載小孩放學回家,發現她已搬走,連家具也沒留下

我們,回阿公阿嬤家玩,好不好

面對不知道發生什麼事的兒子,我只能勉強擠出笑容

71

有保護到你，真的太好了

從那天起，龍哥好像變得比較不怕提起他的過去

我還曾經看過在前女友家鬧事的恐怖情人，聽完他的故事後痛哭流涕決定好好開始新生活

我想，這也算是一種化悲憤為力量的方式吧

～完～

魯邦

他是魯邦，鳥籠所現任副所長，因為長得像老動畫魯邦三世的主角，而得名

熱愛毒品績效的他，遇到有毒品前科的最常說的話就是

跟我回去驗尿

驗尿敢不敢

驗就驗！

前兩天跟他巡邏，處理家暴違反保護令的案件時，不意外的

當時手頭還有一件酒駕車禍、兩件肇逃、一件住宅竊盜案要處理的我

Am I a joke to you？

但看家暴哥自信滿滿，應該是沒問題吧

74

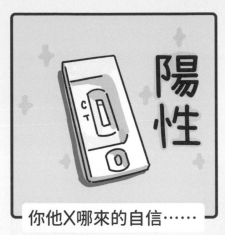

陽性

你他X哪來的自信……

辛苦了，
我先下班

← 連放4天

案件再＋1

直接加班到凌晨

怎麼可能！我很久沒有用了！

〜完〜

所長駕到！

鳥籠所是鳥籠分局最大所，位於超繁忙地帶，轄區包含車站、學校、醫院等設施，八大場所林立

周邊又有都更重劃區，導致人口數暴增外，黑道也紛紛搶食利益，業務繁重程度超高

結果就是半數以上同事請調，能待3年就算老學長。主管亦不例外，鳥籠所的所長常常待不久

戰果時代裡的陰陽眼所長，曾在鳥籠所任職2年之久，在任時績效卓著，但因個性心直口快與分局長衝突，而被流放到鳥不生蛋所後，就再無所長待超過1年

即使分局強力徵召，也無人願意擔任鳥籠所所長，最後只好放出一名爭議人物

樂咖以善於經營地方關係聞名，因風紀問題調至鳥籠所分局內勤列管，這次重出江湖，還未到任就引起熱議

就任日當天鳥籠所裡裡外外擺滿了高級的道賀花架花籃，都是些在地企業及地方仕紳贈送的

老大，新的所長真這麼有爭議嗎

……

人還沒來不好說，
但我有朋友跟他共事過的，
都說他是笑面虎，
跟他說話要小心點

警察機關有種東西叫勤前教育（簡稱勤教），簡單說就是長官有事要宣布或要求，把同事聚集起來開會的意思

叮～咚

鳥籠所非常繁忙，民眾隨時會來報案，110也從沒停過，因此歷任所長有事都是在群組佈達，唯有大事才召集同仁

那天樂咖所長第一天到任，馬上開了一場勤教，宣布他的管理方式

我的管理都很人性化，
鼓勵同仁去爭取績效

兄弟們……早啊

我以前在隔壁分局也是在最大所當所長的，同事之間都歡迎大家批評指教，互相漏氣求進步嘛

感覺人還不錯啊

我話還沒說完,讓他們等一下,叫大備的動作快一點

1小時後

我一路從基層做起來的,案件有問題都可以問我……

學長,等報案的民眾已在排隊,大備學長還在外面忙,能來幫我一下嗎?

隔天,所裡來了許多的客人,所外停車格裡停滿了各種名車,氣氛非常熱絡

我也一定會去爭取同仁的福利,破案有破案獎金……

所長不好意思,外面有點忙不過來,我們先去幫忙可以嗎?

都過來跟新加入的顧問打招呼,他們都是我在隔壁分局的好朋友,特地來相挺的

學長你的臉色不太好

沒什麼，只是想到一些以前的事

人家平常有在挺派出所的……我們幫忙巡一下也不會怎樣

老河學長是所內的資深學長，曾因賭博而有債務糾紛遭分局列管，但因為他善於跟地方黑白兩道經營關係，而被樂咖所長重用

我沒看錯吧

老河學長最近怎麼意氣風發的

人家現在是國王的人馬，號稱地下所長你不知道嗎？

新增10條巡邏線，專門簽顧問的家或公司？

在老河學長地方關係的輔助之下，鳥籠所的績效數字扶搖直上，樂咖所長也成為分局長官眼中的紅人

但與此同時，所裡也有越來越多次刺龍刺鳳，看起來不單純的人士出入

過兩天有專案，要壽品的，你那邊再一個出來

所長，小YO有事我貼他的大備沒關係，而且請假是我們的權利阿

所長

老河學長受寵後開始擺出高姿態，甚至常遲到或臨時請假不到

學長你到所裡了嗎？我們要巡邏喔

我早上不去了，你去叫副座幫我改班

蛤

權利權利，請假是你們的權利，准假是我的權力啦！！

怎麼了，愁眉苦臉的

我想請假陪我媽看醫生，可所長以我績效沒達標，不准假

所內實施績效掛帥的制度，讓績效好的同事優先選休假日，績效未達標者甚至不准請補休

俗話說一物剋一物，即使老河在所長的庇護之下順風順水，這樣的他也有忌憚三分的人物

� ✦✦✦

強哥是所內的戰鬥系巡佐，號稱永遠都在大備的男人

事情引爆那天，強哥與小YO巡邏，案件繁多，他們剛處理完案件，正前往下一個案發地

強哥個性火爆，一般來說升上巡佐後都會寧願班好一點，但強哥遇到事情總是衝在警員前面處理

跟強哥巡邏常讓我有種我才是巡佐的錯覺

所長，議員來了，說收到陳情，xx街違停嚴重，要我們馬上處理

什麼，你先過去接待，馬上叫巡邏的過去取締

樂咖所長休假接到老河的電話

因為他火爆敢言，常在老河等資深同事要凹年輕同事做事時直接斥責，而深受所內年輕人推崇，卻也因此跟老河一派人結下樑子

所長叫你們馬上過去

可是學長，我們還有一件糾紛要處理

馬上過去就對了！！

81

強哥……怎麼辦

……

我已經在這裡站超過20分鐘了，為什麼還不取締

議座拍謝，我立刻再催同事一下

先去糾紛

我不是叫你們馬上過來嗎，議員已經在生氣了

學長我們已經在路上快到了

……

我不是說所長叫你們馬上來處理嗎！！為什麼現在才到！議員都等半小時了

工沙小！！派出所到這裡走路不到5分鐘！你寧願在這巴結議員也不會回去拿罰單來開嗎！？

你是不是警察

XX強平常在這邊的狀況怎麼樣？有對你們態度不佳嗎？

隔了一天，督察組長到所督勤

唔……

強哥很好啊，有事情都會幫忙，也積極在抓案件……

今天的事，我會叫分局長處理

是嗎，我看也只會抓酒駕而已吧……把分局當什麼

！？

不好的預感

我桌上怎麼會有這張紅單

隔天

強哥你要被調走！？
為什麼！！

你上次開逐舉開到顧問的車了，顧問收到紅單，所長叫你自己處理掉

所長說你對同事態度不佳，也常不服管理，所以分局長指示我來處理

我已經找XX河來問過，他也說有這情形

昨天督察組長找我去，講議員那件事⋯⋯

什麼
!?

什麼

但我看你平常績效不錯，不如這樣，看你想去哪個所，幫你換個環境

⋯⋯

84

憑什麼是調我，樂咖跟老河平常在搞什麼，你們督察組都不知道？

好阿，請組長安排我當分局長的司機，讓我每天陪他聊天，麻煩了！

要保重喔，小學弟

強哥……

對長官你這是什麼態度……

強哥走了以後，小YO一直都無精打采的，去關心他一下好了

一早派令就下來，讓我去離家最遠的鳥安所，等等就要去報到，都沒時間整理東西了

還好嗎

小YO……

沒事啦……只是忍不住在想，會不會我那天動作快一點，就不會害強哥被調走了……

可是所……所長，受理案件不是要依規定開三聯單嗎

註：三聯單現已統一改為受理報案證明單。

小發是新來的同事，個性內向安靜，喜歡獨處，強哥離開後，他成了下一個被針對的目標

你在搞什麼

不是你的問題……

⁉

這件你破得了嗎！你是不是要害我開會被檢討？好啊！你沒調到監視器就不要給我下班

為什麼要開給他！啊！你有先跟我報告嗎！

都什麼年代了，還在管制三聯單……

86

鳥籠派出所
—☆☆☆—

Popo鴿的鳥日子 東販出版 NOT FOR SALE

學、學長，所長叫你們去載喝醉的顧問回家

晚上，我跟約翰巡邏時，接到小ㄚㄛ的電話

密錄器戴一下，等等說話小心

跟他說我們在忙，沒空

所長，找我們嗎

所長

學長，所長剛剛回來了，他叫你們去辦公室找他，看起來臉色很臭

返所後

我叫你們去載顧問，你們兩個剛剛巡邏給我跑去哪裡

閃爍……

學弟你不是下班了，
怎麼還不回家

去處理事情沒關係，
下次要記得早點說

學長……
小發學長沒有來上班

搞什麼鬼，我的班全都改成要連續
巡邏8小時，還有拆成3段班的，
會不會太扯

隔天上班時

前情提要
巡佐強哥被所長調離後，所內氣氛低迷，
小發成了所長針對對象。某天，他卻突然
沒來上班……

小發

強哥

管他嘉獎幾百支，我一樣考績把他拉下來……

所長，小發沒有來上班，打過他電話也聯絡他的家人，都找不到人。他家在外縣市，他爸說會過來一起去他租屋處看看

小發的爸爸和我們一起前往小發的租屋處，發現他的房門沒鎖

小發人不在，他的行李都已經打包好，只有手機與服務證靜靜擺在桌上

手機沒有設密碼，打開後有一封沒有送出的訊息

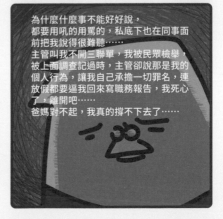

為什麼什麼事不能好好說，都要用吼的用罵的，私底下也在同事面前把我說得很難聽……
主管叫我不開三聯單，我被民眾檢舉，被上面調查記過時，主管卻說那是我的個人行為，讓我自己承擔一切罪名，連放假都要逼我回來寫職務報告，我死心了，離開吧……
爸媽對不起，我真的撐不下去了……

警察先生！我、我兒子之前得過憂鬱症，我擔心他會出事啊

怎麼樣，有掃到嗎

快，馬上回所裡掃車牌辨識

好

車牌辨識顯示，小發學長的車昨晚在市區四處繞之後，往山區方向去，然後就掃不到了……

……!!

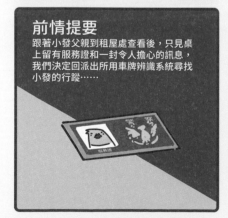

前情提要

跟著小發父親到租屋處查看後，只見桌上留有服務證和一封令人擔心的訊息，我們決定回派出所車牌辨識系統尋找小發的行蹤……

趕快陳報分局，出人手去找！

經過幾天搜尋，依舊沒有小發的蹤跡，只好請他爸爸報失蹤

我兒子的夢想就是當警察，即使壓力大到得憂鬱症，也堅持不辭職

小發的爸爸回去了嗎

嗯，剛走不久

每次兒子回家最愛分享案件成果，雖然累，但他覺得這份工作是有意義的

搞什麼東西，有憂鬱症也不會先報告……

⁉

但現在，誰能幫助他回家……

我操……

學長

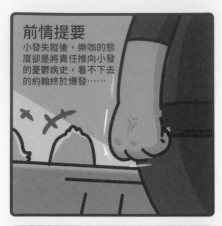

前情提要
小發失蹤後，樂咖的態度卻是將責任推向小發的憂鬱病史，看不下去的約翰終於爆發……

人找到了？……知道了

從來沒有看過你這麼爛的沒擔當的人出來做什麼主管

小發在一處山區的廢工廠結束了生命，不出所料的，樂咖對分局的報告也是以小發有憂鬱症為由結案

你說什麼……！？

有件事，我想跟你們說……

鳥籠所內，氣氛一片低迷

其實我一直有在收集樂咖不正當行為的證據，除了他平常做的那些爛事，還有他接受性招待與利用地方關係介入建商土地賣賣抽成……

本來想等時機成熟向督察室檢舉他，沒料到憾事還是發生了

我很後悔，要是我早點行動，也許小發的事就不會發生

當初沒跟你們說，是怕萬一沒弄倒他，可能會被報復，我不想連累你們

老大你這樣說就太見外了，我們之所以能在個大忙所待下去，就是因為有彼此會互相幫忙啊

那麼，行動吧

93

前情提要
小發自戕後，後悔沒有早點展開行動的老大終於下定決心與鳥籠所的夥伴們一起反擊，揭發樂咖的行為……

首先，我把手上的資料提供給督察單位，從內部檢舉有被搓掉的風險，但有些敏感資料要是直接拿給媒體可能會有洩密問題……

樂咖是老狐狸，知道怎麼鑽漏洞走灰色地帶，要抓到他的尾巴不容易……但他貪杯好色，我們就從這邊下手

幾天後

媽的

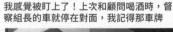

我感覺被盯上了！上次和顧問喝酒時，督察組長的車就停在對面，我記得那車牌

鳥籠所長你好自為之啊……
什麼該做什麼不該做……
不要影響到分局

還有你所裡有超過三分之二
的員警要調走，我看你管理
方式有問題喔

連開會時督察組長也不停針
對我，在全分局面前洗我臉

再來是我這邊，查出老河常去賭博的
地方就在隔壁分局的轄區

我同學剛好在隔壁分局的隔
壁所，我請他去抄掉了

同學，怎麼樣，有抓到嗎

同學，感謝你的情資，
要是其他單位先查到賭場，
我這管區就要調地了，雖然
你們老河逃掉了，但我看他
暫時也不敢再搞事了

我、龍哥跟學弟則同時檢舉到市長信箱跟警
察局，龍哥也請親戚認識的議員關切檢舉案
的進度……當然是找跟樂咖那邊相反勢力的

雖然盡量不想政治力介入，
但怕事情被搓掉，也沒辦法了

都說官官相護，但要是會礙到自己升
官，他們也會切割的……

不久後，樂咖因管理不當、勤務不公、出入不正當場所、不正當感情交往等理由被記過調地並調整為非主管職

老大……這樣的結果我接受不了……比起樂咖做過的事，這樣的懲處太輕了

你們等著瞧好了，督察體系自己又有幾個好東西！督導風紀之所在，敗壞風紀之所在

離開前，他丟下一句話

我同意，但照過往檢舉的例子來看，全員都沒被秋後算帳已經是很好了……檢舉長官常被貼上麻煩製造者的標籤……

這就是體制不公之處，長官犯錯被記過調地，等風頭過後還是升官，基層犯錯總被放大檢視，甚至免職

老河在樂咖倒台之後失去靠山，立刻寫了報告調所，隨後馬上申請了退休，離開警界

我比較擔心的是新所長，聽說他跟樂咖以前在隔壁分局是同事，而且跟樂咖當年的風紀案也有關係

為了一改樂咖風紀不佳的形象，新所長來自督察體系。成sir看起來人畜無害，但樂咖離開前的警告總在我心中揮之不去

所長，聽說你跟樂咖之前的風紀案有關係，是真的嗎

跟成sir第一班巡邏時，我還是決定直接問他

原來消息傳得這麼快呀，警界果然沒有祕密……說有關係，的確也沒錯

‼

因為樂咖以前那件風紀案，就是我在督察組時抓他的啊

那個目無法紀的東西……

（碎碎念……）

（碎碎念……）

其實是個狠角色

～完～

督督訪

督勤，指的是上級長官到各所看大家有沒有認真執勤，避免基層有偷懶耍廢或槍械清點不落實的情形

一般來說，督勤長官人都不錯，來簽名聊天關心一下最近有沒有需要留意的案件就會離開

但偶爾也會有幾個出名的大刀，來督勤就是為了要記缺點，舉凡桌面髒亂，椅背掛衣服等理由都能砍劣跡或申誡

聽說新來的組長很嚴屬，大家要自己小心點。聽說他為了砍同事申誡，半夜督勤還不走大門，偷偷翻牆進來看同事有沒有在打瞌睡……

今晚深夜勤是約翰跟龍哥，下班再提醒他們一下

結果一下班就完全忘記，睡死了

好想睡好想睡好想睡……

凌晨4點

呵，值班台那個一看就知道在打瞌睡……準備被我督爆吧

喂

蕭組長，一走進派出所就要至少砍10支申誡的督勤之鬼

哪來的蠢賊，連派出所都敢闖

等等，我是組長啊！你不認識我嗎？

誰認識你，要裝也裝得像一點

直到所長回來，蕭組長才被放開從此以後，蕭組長再也沒有穿便服翻牆督勤過了

組長!?

真的是嗎！！！幹嘛不穿制服啦

～完～

備勤室的酷同事 3

3號居民福哥
福哥是個脾氣暴躁的老學長，
常常在開單時跟民眾吵架

福哥對菜鳥很兇，小YO就常常被他罵
爆

他的身上常常出現許多小符咒
或很酷的法器，我原本以為他
只是非常篤信神明的人

想不到在一次廟會勤務時

竟然看見他在當乩童，還拿著狼牙棒把自己尻得滿頭都是血

雖然他脾氣暴躁，卻也曾經在小丫O疑似被飄飄纏上時幫他作法，不知道是不是心理作用，好像還真的好了

某一天

老大，我剛剛上樓換衣服，福哥的床位怎麼收乾淨了？他不住所裡了喔？

福哥說他去為神明服務，辭職去專心當乩童了啦

也太酷了吧！！

～完～

PART 3

【鴿鴿們的辦案故事】

酒精之國的闖禍者

一件110喔，酒醉鬧事的，要支援喊一下

酒後鬧事案件可以說是每年過年必報的，但今年特別多

好了啦，警察來了

我……我才沒在怕

到場時，只見一群人圍著一個酒醉的男子正在勸說，有一個自稱是酒醉男子的哥哥，明顯剛挨揍

今……今罵洗安抓阿

小心站穩

喔喔

105

而且你帶那罐什麼啊，
也太大了吧

很讚對不對，
這是我剛買的辣椒水
家庭號！！

裝備控

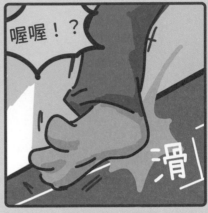

喔喔！？

滑

喔喔喔喔喔喔！！

來多少個都沒用啦

能對林北怎樣！

學長，你果然也是過年上班啊，我就有感覺會遇到你，我們真的一樣賽呢哈哈哈

過不久，阿麥就帶著梯子來了

啪

林北自己下去

想不到酒空除了擦傷之外竟然沒什麼大礙，還能自己爬梯子可能喝酒真的比較不怕痛

鳥籠台鳥籠台酒醉鬧事者墜樓，請聯絡119

啊啊!?

小心喔

扶

又推我！！！
這次林北一定要跟你們輸贏

咕喔喔喔喔喔喔

啪咻

幹嘛

好痛，眼睛好痛啦
哇～

那我帶他去醫院喔，
新年快樂

於是，我的大年初一，就這樣
在醉漢的哭聲及辣椒水的嗆鼻
味中度過了

～完～

唔唔

鬼月故事

這裡的同事都是在等退休的老學長，步調超緩慢

幾年前，我曾經到鳥籠分局轄區最偏遠的山區所短期支援

但很快的，我就融入悠閒的山上生活，放飛自我

剛到的時候，因為一整天都沒人報案，還以為是電話壞了

一開始在這巡邏很緊張，因為山區沒有市區的光害，晚上的山路黑到伸手不見五指

有些巡邏表還是掛在荒廢小廟的柱子上，每次簽表都覺得背上涼涼的

但最酷的還是這裡的所長，因為他

看得見

山區蛇多，巡邏就常會在路上看到雨傘節

所長是警員升上去的實戰派，常常分享辦案經驗，平常放假會在宮廟無償協助科儀，自己也是乩身

還曾在簽巡邏箱時遇到貓跟蛇打架，超酷

問這什麼筆錄，叫回來重問

但他平常脾氣火爆、要求高，甚至有點機掰，連老學長也被他慘電

跟他巡邏總是有點緊張，
最怕他突然說

問他原因，故事要回到他當警員時，
有次巡邏太累不小心睡著了

這裡好多

同事為了體諒他，也不叫醒他，就
把車開到轄區廢棄的工廠守望

深夜巡邏他只要想打盹了就會
要求自己開車，而且很堅持

坐車想睡，
我來開

當他醒來時

發現有好多的祂們在擋風玻璃上往車裡看，從此以後他巡邏時再也不敢睡著，也開始廟裡的工作

快走！快走呀！

本來以為所長的鬼故事只是故事，直到我處理到「阿山」的案件……

那是我在鳥不生蛋所的第一天深夜勤，因為超繁忙的鳥籠所半夜也常有事，所以我習慣保持清醒，但山中寂靜讓我超想睡

AM 03:07

逼～逼～！！

突然，派出所大門口的警報器聲響起來，伴隨著急促的拖鞋聲接近

救命呀救人呀！

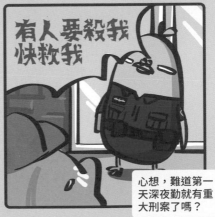

有人要殺我快救我

心想，難道第一天深夜勤就有重大刑案了嗎？

是阿山啦，失智的，每天半夜3點都來，好多年了，別理他，自己鬧夠就會走

阿山發現我被關在外面，瞬間露出了狡猾笑容，然後又馬上變回失智的樣子繼續鬧

起初我同情阿山，所以都會出去安撫他回家，但他反而變本加厲想衝進來，後來我也學老學長不再開門，等他自己走

刹那間懂了石內卜的心情

你膽敢用我的魔法來對付我，波特

有次阿山鬧得太過分，我出門想把他趕走，沒注意到鳥不生蛋所的自動門深夜是會自動上鎖的

幸好幾乎每間派出所都有後門，把阿山打發走後天色已經濛濛亮，但從那天之後，阿山就變了，怪事……也就隨後發生

阿山通常會在凌晨3點出現，啪噠啪噠的拖鞋聲非常好認

但有天突然有人來報案

死，死人

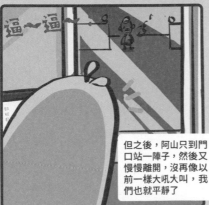

但之後，阿山只到門口站一陣子，然後又慢慢離開，沒再像以前一樣大吼大叫，我們也就平靜了

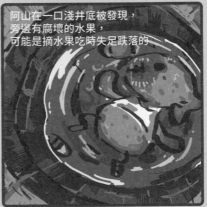

阿山在一口淺井底被發現，旁邊有腐壞的水果，可能是摘水果吃時失足跌落的

後來因為水果產季來臨，果園竊案頻傳，半夜都在忙案件，也沒再去管阿山在門口幹嘛

這屍蠟化的程度
至少死了一個多月了喔

在司法相驗時，法醫說

我心想：不對啊，我這幾天都還有
聽到阿山的拖鞋聲，派出所的門警
報器也有響

回到所裡，
正在把案件歸檔時

這個老人最近每天都在門
口等你啊，是不是以前常
來鬧的那個叫什麼山的

真的假的！
他要幹嘛！

說想謝謝你願
意陪他說話

那天起，阿山的拖鞋聲就再也沒有出現過但我總是會在凌晨3點時看看門外

因為阿山是獨居老人，戶籍內只有自己沒有其他親人，於是我們到他的住處尋找線索

阿山的家門沒鎖，除了因為失智導致失禁的異味以外意外的乾淨

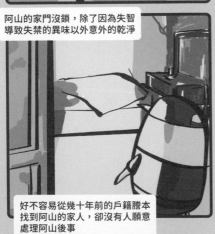

好不容易從幾十年前的戶籍謄本找到阿山的家人，卻沒有人願意處理阿山後事

直到說出阿山存摺裡還有80幾萬的存款，才有家屬一把鼻涕一把眼淚的來做筆錄

不久之後，支援時間結束，我回到鳥籠所，但這段奇異的山中經歷記憶深刻

關於阿山的一切就像幻覺，但如果鬼魂真的存在，也許，會比人更有人性吧

～完～

117

確診

前幾天上班到一半，
突然覺得頭痛痛的

一量體溫
糟了八逼Q了

戳完鼻孔快篩後，果然兩條線
馬上包一包回家隔離

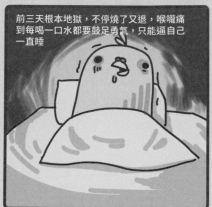

前三天根本地獄，不停燒了又退，喉嚨痛
到每喝一口水都要鼓足勇氣，只能逼自己
一直睡

解除隔離那天

回來上班啦！
覺得怎麼樣？

（從警以來第一次）睡飽了

氣色超好

~完~

天氣之子

轄區的精神病人口一個一個冒出來，我才知道天氣變化會影響精神病情

我的鄰居下符咒讓地上長出青苔害我跌倒，我要告他

歐啦歐啦歐啦歐啦
歐啦歐啦歐啦歐啦
歐啦歐啦歐啦歐啦

她要綁架我！要綁架我啊！

警察！

？

？

抱歉先生
我們這裡沒有這種服務

保險套給你！
幹死我啊！

~完~

121

遇到警察先叫學長

遇到警察
先叫學長

有次最後一班大備，
處理一件自撞車禍

最近有一個奇怪的現象

沒戴安全帽喔，證件麻煩一下

學長～我保一的啦

學長～我保X的，不好意思啦

似乎流傳著只要叫警察學長，就能被放行的傳言，而且大都自稱是保字頭單位

嚼嚼嚼嚼嚼嚼......　　眼神渙散

滿嘴檳榔

超長超亂鬍子

滿身刺青　　超粗金鍊

你要不要聽聽看你現在講什麼

一看，果然後座的袋子裡都是咖啡包

註：咖啡包是指現在的毒品粉末會用類似即溶咖啡包那種方方的小袋子包裝，所以俗稱咖啡包。

報告程度！

國⋯⋯國中

還保一！！

結果直接加班加到爆炸，從此以後遇到假同事直接開爆

～完～

辣椒水

那天，學弟實務訓練結束，領到公發裝備

喔喔是小強，剛好來試試辣椒水

啊

結果沒注意到風向，整間泡茶間的同事都中招

哇呀呀

那個下午，大家都在淚水中度過

...

警察先生怎麼哭了，好有同理心

～完～

詐裂！暴龍摔！

學長，又是詐騙喔？
看你忙好久

是啊，虛擬貨幣詐騙，最近有夠多

光是輸入電子錢包位址就快瘋掉，還分不同的交易所轉出

呃啊啊啊

剛剛那件是假的好市多網站，之前也有假蝦皮。詐騙集團以親人是好市多主管為名，騙她投資虛擬貨幣賺錢，要不是網址怪怪的還真看不出來

你印這個出來幹嘛啦

對……對不起！！
我想證明真的被騙裸聊

詐騙喔……我昨天也一件騙視訊裸聊後側錄，逼被害人買點數的那種

被詐騙的內容都有保存嗎？

有，我都印出來了，在這邊

我看看喔……

現在想起來，我的視網膜還是隱隱作痛

在討論詐騙嗎？你們都還太淺了，我受理件數可是已經多到統整出筆錄模板，只要把報案人資料跟關鍵字改過就行了呢

為什麼聽起來有點慘……

我要報詐騙

說什麼來什麼

像是前天的阿姨是被自稱無國界醫生的騙，再之前那件是美國大兵，然後是外商公司主管……

對方要嘛說寄了禮物給她但被扣在海關，需要先付高額關稅或保證金，要嘛說想來台灣找她需要旅費……

我加入一個教投資的群組，有老師教我們投資虛擬貨幣，可是我想出金時，對方要求我繳保證金

我已面交給對方20萬了，但他們又要求更多手續費

！

我觀察下來，女生是比較吃某些特定職業或異國戀情這一套……

男生就更不用說，進門我就知道是不是援交詐騙……

不好意思

也就是說……妳有實際接觸到車手囉
還記得對方特徵跟時間地點嗎？

跟所長講一下，
這件有希望直接抓，
請他調人手

有，記得是個理平頭的年輕
人，他走路來的，下午4點在
xx路xx巷口

詐騙集團再來電的話，妳就說已籌到錢
要拿給他，如果他上當就立刻聯絡我
們，我們會馬上趕到

好……好的

你怎麼看

我覺得可以

我聯絡好偵查隊，行動時他們會派
隊支援，我先去訂飲料給你們喝

所長……是天使嗎

1小時後

警察先生！我是剛剛報案婦人的女兒，詐騙集團又跟我媽聯絡約好面交錢

好！我們馬上過去

我們負責面交這邊另一組給偵查隊處理

小YO會在所裡掃車牌辨識系統，一有可疑車輛就通知我們

大家去換便服，出動了

喔喔

被害人那邊怎麼樣

詐騙集團叫被害人不准掛電話，她女兒在旁和我們回報狀況

車手通常不只一個人，還會有另一組負責監視或接應的

小YO調到上次來取款車手的監視器畫面了，面交的搭計程車，另一組開車

129

我在這

‥‥‥

學長,目標的車出現了,正往你們那邊移動

收到,阿龍,被害人往你們那邊過去了

龍哥⋯⋯
你這樣不會太顯眼嗎

收到,車手跟被害人開始面交,準備圍捕⋯⋯

‥‥‥

呵⋯⋯這叫出其不意
你剛剛不就沒有發現我嗎

可、可惡,無法反駁

暴龍摔？
不是普通的大外割嗎

阿龍的中二病
又發作了

現在依詐欺罪嫌將你逮捕！
你得保持緘默，無須違背自己
意思而為陳述

你得選任辯護人，
得請求調查有利之證據……

這不還是個小孩子嗎

小朋友，聯絡一下你家長，
你未成年需要監護人陪同做筆錄

我沒爸爸……
我媽在工作，沒辦法來

你都被抓了，她一定要來，
電話給我幫你聯絡

返所後

學校學長說可以賺錢，收一次錢給我5千，
還說他自己做這個一個月賺過30幾萬……

我媽媽自己養我很辛苦，
我想多賺點幫忙家裡

等到少年車手的母親到場後，
筆錄才得以開始

現在詐騙集團常常利用未成年當車手,騙你們說未成年不會有事,結果被抓變成家長要連帶賠償被害人

而且你有沒有想過,來報案的阿姨退休金都被你們騙光,她要怎麼生活

學長,偵查隊抓到另一組人了,說我們問完就移送給他們一起做後續處理

好喔

......

將嫌疑人跟案件筆錄與證物等移送給偵查隊後,派出所的工作就大致告一段落

過了好一陣子,有次大家相約去某間火鍋店吃飯時

警察叔叔

你不是當時那個弟弟嗎

我在這邊打工,後來雖然不用關,但我媽因為我要賠人家一百多萬,我現在在努力工作還錢

主要是想跟你們說聲抱歉,當時還跑給你們追

這件詐騙案件雖然就這樣結束,但那陣子,大家只要跟龍哥一起上班抓犯人時就會那樣喊

喝,暴龍摔

不要再那樣叫了啦,丟臉死了

～完～

135

戰果時代

甚至常常接獲報案，有人被導航帶進不知名小路後車子卡住

鳥不生蛋所位於山區，在水果產季時常有水果賊，所以會排所謂的護果勤務，專巡果園

山路小徑多，手機在這常常突然沒有訊號，導航亂飄，在市區待習慣的我一開始常在山裡迷路，開進奇怪的樹林裡

也發生過農民在巡果園時發現有枯骨的事件

那陣子水果賊特別囂張，有不下10個果農來報案遭竊，戰鬥派的所長當然不會視若無睹

山上要調監視器困難重重，但經過一段時間的抽絲剝繭，發現有台車總是會在案發深夜出現在轄區

鎖定對象後，我跟所長計畫埋伏

嫌犯又進入轄區想作案的那天，我跟所長悄悄地熄了燈接近，嫌犯正把偷來的水果搬上車

想不到嫌犯十分警覺，下一秒突然水果一丟衝上車，狂飆逃走

於是，一場追逐開始了

我跟所長在狹窄的山路上跟嫌犯狂飆追逐，巡邏車暴響的警笛聲在安靜的山裡格外刺耳

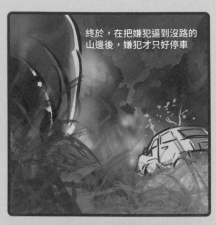

終於，在把嫌犯逼到沒路的山邊後，嫌犯才只好停車

山路顛簸，有好幾次追到車都飛起來

好！

拔槍！壓制他！

最驚險時輪胎幾乎有一半跑在山壁外

X！不要動！盯你很久了……

所長

剛剛會不會踢太大力啊

我那會跑太快不小心踩到

喔好啦

登哩揪故啊！

按！

我一定要告你們！

警察打人

兄弟

你叫什麼名字

阿順……

順仔啊，
我們聊聊吧

你最近幹這麼多件，好多農民
可是說要打死你……
為了你的安全

本來
我是要帶你去
別所作筆錄的

本所警力不足，

要是一不小心
被他們衝進來
把你押走

可能要好幾天

才能在山溝裡
找到你呢……

我……我知道了，
但我也是有苦衷的
啊……

我老婆生了重病

不這麼做

我根本負擔不起

最後我們還是把嫌犯帶到山下的鳥巢所問完筆錄後移送

雖然有猜到嫌犯在唬爛，但還是有點不爽

果然還是該把他丟在山裡跟農民大逃殺的

協尋人口通報：XX順

隔天，系統傳來嫌犯被鳥籠所通報失蹤的訊息，還是約翰受理的

所長，這些怎麼辦？

要幫忙吃完喔

不會吧……

破案消息傳開那天，農民聯合送了派出所幾百斤的水果，那陣子每天吃水果吃到快吐

～完～

喂，學長喔

XX順竊盜被這邊抓了，不是失蹤啦

他老婆報的？他老婆不是臥病在床嗎？

哪有啊

壯壯的，精神很好喔

雞排犯

人員編制足夠的派出所通常會做分工，常見的分類是：大輪番負責24小時輪班受理案件、處理交通和罰單、處理排班與業務的同事

負責扛起所內刑案績效的同事俗稱「跑專案的」，也就是在各種專案期間（如剛復活的春安專案）負責生出績效讓所長開會時能跟上頭交代的人

因排班彈性大，免穿制服輪班，通常都由偵查能力佳或跟所長關係好的同事擔任

約翰是大家戲稱的績效組，常主動出擊抓刑案，連所裡負責跑專案的同事都沒他會抓案件，但他卻寧願跟大輪番一起輪日夜班，我一直都很好奇原因

學長，你以前在別所不是都跑專案的嗎？怎麼現在想來輪番

那天和約翰一起去抓通緝犯，到了鎖定對象可能出現的地點埋伏，在等待對象出現時，我忍不住問他

這個故事很長，要從我剛當警察那時說起……

我剛畢業時很熱血，喜歡辦案件，也很敢衝，基本每天都有績效，那時所長看我有興趣就拉我起來當專案

導火線是那天我移送完一名酒駕的中年男子，剛回到所裡

警察

一開始我真的如魚得水，甚至還常抓通緝犯抓到外縣市去

你剛剛辦的是所裡顧問的親戚，現在顧問打給所長說要給個交代，看你怎麼辦！

但時間久了，所裡有幾個在地多年的老學長開始看我不順眼，他們跟地方關係很熟

抓案件時偶會抓到他們在地的親友，因此會在背後閒言閒語，但我覺得自己沒有錯，也不放在心上

過不久，所長跟顧問一前一後來到所裡

我姪子只是在朋友家喝兩杯，從巷口騎到巷尾要回家，就被所裡笑年啊攔下來，只差沒跪下拜託他了，還是堅持要測

所長，我每年也給派出所協助不少吧！所裡弟兄年節留守，也都幫大家加菜

你攔他酒測的理由是什麼？

他沒戴安全帽，攔他下來又全身酒味

上次巡邏車追人犯撞壞，你說分局沒預算修，我也是馬上找熟識車廠處理，這都是我們對地方治安的付出……

他家就在旁邊，小巷又不是大馬路，有影響別人嗎？所長，你處理不好，我就叫大家退出顧問團

不久後所長就升官調走，當然也沒調我回去，但當時也太年輕了才會信這個，想也知道他不可能為了挺我放棄整個所的資源

先休息一下吧，過陣子再把你調回來

結果，才過沒幾天，約翰接到派令，被調到分局最偏遠的值宿所

所以我就寫統調回來啦欸，通緝的好像來了喔，準備好了嗎

OK

雖然偏遠小所案件少，但因為警力不足，上班時間有時長達16小時，人情壓力比市區的派出所更重，對滿腔熱血的約翰來說簡直是折磨

我們埋伏的地方是一個公園，通緝犯正從不遠處走過來，手上還拿著兩塊雞排

你……你們怎麼會

把拔

我去跟他說話，你在後面注意他動作，小心他會跑

怎麼會有警察叔叔……

你是XXX嗎？警察，請你配合

拜託你們……今天是我女兒生日……可不可以

……

小妹妹，警察叔叔只是需要爸爸的幫忙，不要擔心喔，生日快樂

祝妳生日快樂～

於是，我們為小妹妹唱了生日快樂歌，並請奶奶來帶她回家，這是我第一次跟通緝犯一起慶生，那畫面真是奇怪又溫馨

謝謝……

於是，這個跑了2年的通緝犯自願跟我們歸案，沒有反抗、沒有試圖逃跑

約翰說，他年輕時很火爆，除了抓犯人不手軟，還常跟長官對著幹，是過去的事讓他改變許多，也許哪天再拿出來說吧

現在他抓案件，不是為了長官也不是為了考績，而是因為這是自己想做的事，這只是，戰鬥鴿約翰故事裡的冰山一角

～完～

完美三寶

~完~

PART **4**

【鳥籠所裡的都市傳說】

調動運

傳說中，剛分發正式上任或剛調到新單位時，都特別容易遇到難搞的案件

系統鎖眼
一件110

記得那是我第一天正式的第一班大備的第一班巡邏

住宅竊盜，損失超過100萬

?!!!

聽到我接到大案子，休假中的師父老大跟約翰馬上穿上制服，回來救我
（因為太帥要畫正常版，那時制服還是藕紫色）

監視器我來調吧

嫌疑人我來追，你去查贓物

為什麼還沒給我把東西找回來，警察是不是不想處理！我會找議員關切！！

P

有了他們協助終於順利破案，但贓物被層層轉賣，筆錄比字典還厚，這也是我第一次體會到有時被害人比嫌犯更難相處

龍哥剛調來時，則是半夜3點有人在荒涼小廟旁的單槓上吊

小YO第一天大備快過了，應該安全了啦

OPEN！

因為現場風太大，還被搖晃的遺體踢到頭

學長

A1肇逃

～完～

老大當年是接到大學宿舍連環竊案，但抓到嫌疑人是個聾啞人士，問了一天，整份筆錄都是喔喔啊啊

153

值班顧慮人口

欸我剩30分鐘下大備，去大便一下喔

好喔

那天，龍哥休假，我值班，負責接案俗稱大備的是約翰

制服要臭得剛剛好，穿剛洗好的或太臭的制服都容易接到案件

派出所，是個充滿都市傳說的地方，從制服幾天洗一次，內褲不能穿紅色……各式各樣都有人說

龍哥你不是休假嗎？怎麼跑回來

叮咚♪

我東西忘記拿了

哪有什麼值班顧慮人口啦，都亂傳的，案件來就處理而已

其中最為人所知的就是「值班顧慮人口」，意指只要某些同事值班，案件就會瘋狂炸裂，龍哥就是代表人物，但約翰認為都只是迷信

又來

學長，X聚點KTV
報聚眾打架

學長，
又來一件詐騙了

我先回去了！！

阿龍

那天起，龍哥除了鳳梨王，又多了
鯊魚王、鳥籠所死神等稱號，而約
翰也變得沒那麼不信邪了

你們在幹嘛

幫你驅邪

～完～

國家圖書館出版品預行編目（CIP）資料

Popo鴿的鳥日子：鳥籠派出所裡超有事/Popo鴿著. -- 初版. -- 臺
　　北市：臺灣東販股份有限公司, 2024.05
　　160面 ;14.7x21 公分
　　ISBN 978-626-379-356-9(平裝)

　　1.CST: 警察 2.CST: 漫畫

575.8　　　　　　　　　　　　　　　　　　　113004123

Popo鴿的鳥日子
鳥籠派出所裡超有事

2024 年 5 月 1 日初版第一刷發行

作　　者　　Popo鴿
編　　輯　　王靖婷
美術設計　　許麗文
發 行 人　　若森稔雄
發 行 所　　台灣東販股份有限公司
　　　　　　＜地址＞台北市南京東路4段130號2F-1
　　　　　　＜電話＞（02）2577-8878
　　　　　　＜傳真＞（02）2577-8896
　　　　　　＜網址＞http://www.tohan.com.tw
郵撥帳號　　1405049-4
法律顧問　　蕭雄淋律師
總 經 銷　　聯合發行股份有限公司
　　　　　　＜電話＞（02）2917-8022

TOHAN